बारिश में भीगते बच्चे

(काव्य संग्रह)

बारिश में भीगते बच्चे

रामदरश मिश्र

वाणी प्रकाशन

वाणी प्रकाशन

'लोगो' वाणी प्रकाशन : मक़बूल फ़िदा हुसेन

वाणी प्रकाशन, 4695, 21-ए, दरियागंज, नयी दिल्ली 110 002
वाणी प्रकाशन, अशोक राजपथ (पटना कॉलेज के सामने), पटना (बिहार)

BAARISH MEIN BHEEGTE BACHCHE

by Ramdarash Mishra

Collection of Poetry

ISBN : 81-7055-456-X

प्रथम संस्करण : 1996, 2000

आवृत्ति संस्करण : 2011

मूल्य : 125/-

वाणी प्रकाशन

फोन : 0091#11#23273167, फोन व फैक्स 23275710
ई-मेल : vaniprakashan@gmail.com
वेबसाइट : www.vaniprakashan.in

आर. टेक ऑफसेट दिल्ली 110 095 में मुद्रित

आदत

मैंने अपने खुले आँगन में
यहाँ-वहाँ कुछ फूल उगाए हैं
शायद उनकी भाषा हवाओं तक पहुँचे
और हवाएँ दिशाओं तक

उसने सोने-चाँदी के पहाड़ पर
बारूद के पेड़ लगाए हैं
जिनकी विषाक्त साँसों से
झुलस गई हैं हवाएँ
ऐंठ गई हैं वनस्पतियाँ
टूट गए हैं चिड़ियों के पंख

तेजाब-सा खलबला रहा है नदियों का पानी
जल गए हैं मौसमों के रंग
और वे एक दूसरे में समा गए हैं
और आदमी एक प्यासा शोर बनकर रह गया है
तुम व्यंग्य से मुस्करा रहे हो कि
मैं इस भयावह हक़ीक़त के बीच
फूल उगा रहा हूँ
मित्र, मैं जानता हूँ अपनी कमज़ोरी
लेकिन क्या करूँ अपनी इस आदत का
जिसने पक्के मकान के आँगन में
थोड़ी-सी कच्ची ज़मीन छोड़ रखी है

23/8/93

चलो दरवाज़ा खोल दें

बन्द कमरे में मैं था, तुम थीं
बिजलियों की रंगारंग आभा में तैरती
हमारे सपनों की मोहक दुनिया थी
हम कितने खुश थे . . .
आज न जाने कैसे क्या हुआ कि
खिड़की खुल गई
कमरे में झरझरा कर बरस पड़ी
सुबह की नहाई हुई धूप
सुगन्धित हवा का एक झोंका
कँपा गया सारा सजा हुआ ठहराव
एक खुला हुआ आकाश
आँखों में उतर आया
जिसमें पंछियों के परों और स्वरों की
लय उग रही थी
पास से लेकर दूर तक
पेड़ों की पुकार व्याप्त थी

मैंने तुम्हें देखा
और तुमने मुझे
फिर दोनों मिलकर बाहर देखने लगे
और साथ-साथ बोले—
"चलो दरवाज़ा खोल दें।"

25/2/94

उस बच्चे की तलाश में

तुम्हारे यांत्रिक कोलाहल ने
मुझे उठाकर बाहर फेंक दिया
अजनबी की तरह
इस सुनसान में
हतप्रभ-सा बैठा मैं सोच रहा था—
क्या है मेरा यहाँ
जो एक युग बाद खिंचा चला आया
आओ लौट चलो मेरे मन,
अब यह बस्ती अपनी नहीं रही।

न जाने कहाँ से एक स्वर आकर टकराया
(शायद कोई बच्चा गा रहा था)
अरे यह तो वही मेरा गीत है
जिसे गाते-गाते यहाँ अलाव-सा छोड़ गया था
उस बच्चे की तलाश में
मैं फिर बस्ती की ओर लौटने लगा।

18/2/94

बाग

चारों ओर मशीन की घरघराहट
आकाश को ढकता हुआ
ईंट के भट्टों से फूटता गंधीले धुएँ का विस्तार
घरों की मासूम खिलखिलाहट को पीती हुई
पक्के मकानों की कसी हुई मुस्कान
लोगों के चेहरों पर पसरी हुई
बाज़ार की सपाट सम्पन्नता

मैं अजनबी-सा इधर-उधर भटक रहा हूँ
किससे पूछूँ—
यहीं कहीं आमों का बड़ा-सा बाग था
वह कहाँ गया?
उसके किनारे एक कुआँ था
बगल में एक बड़ा-सा तालाब
बाग में अनन्त पेड़ थे
जिनके अपने-अपने नाम थे
अपनी-अपनी शख़्सियत थी

फागुन आते ही
ख़ामोश पेड़ बोलने लगते थे
उनके भीतर सोयी उष्मा कसमसा उठती थी
और धीरे-धीरे वातावरण में

किसलयों की लाली बन दहक उठती थी
बौरों की गन्ध से सबको पुकारने लगती थी
बौरों में से फूटने लगते थे
नवजीवन की गन्ध लिये हुए टिकोरे
लोग धीरे-धीरे गाँव से बाग की ओर सरकने लगते थे
स्कूल के बच्चे
बलबलाती धूल में जलते पाँव रखते हुए
भागे-भागे आते थे
और छाँह में सुस्ताते थे
कुएँ से पानी खींचकर पीते थे
तालाब में मुक्त होकर नहाते थे
बड़े-बूढ़े किसी पेड़ के नीचे बैठकर
बच्चों को सुनाते थे कहानियाँ—
राजा की, रानी की
डाकू की, दानी की
देवता की, दानव की
पशु-पक्षियों की, मानव की
सौतेली माँ की, अनाथ बच्चे की
झूठे की, सच्चे की
और बच्चे एक साथ रोते थे
एक साथ हँसते थे
भाव की एक ही दुनिया में
साथ-साथ बसते थे
तरह-तरह के पंछियों से
सुबहें और शामें
झुनझुने की तरह बजने लगती थीं
सारे आकाश में
उड़ते हुए छोटे-बड़े पंखों की लय बन जाती थी

बच्चे कोयलों को चिढ़ाते थे
पपीहों की पुकार दुहराते थे

कहाँ गये वे पेड़
जिन पर सावन के काले-काले बादल झुक आते थे
हवा पत्तों में थरथराहट भरती
कजली के गीतों में समा जाती थी
डालों में पड़े झूलों की पेंगों में
उमंग आ जाती थी
खेतों में उमड़े धान के पौधों से होड़ लेते
लहराने लगते थे अलकें और आँचल
दर्द और उल्लास के मिले हुए समवेत स्वरों से
कछार काँपने लगता था

कहाँ गये वे पेड़
शादी में, ब्याह में
दर्द में, उछाह में
लोग जिनके हरे पल्लवों के साथ होते थे
शीत में पीले पड़कर झड़ते जिनके पत्ते
लोगों की ठिठुरन में आँच बन जाते थे
जिनकी सूखी हुई टहनियाँ
रसोईघर में रोटियों में बदल जाती थीं

इसी बाग में साप्ताहिक बाज़ार लगता था
जहाँ लोगों की ज़रूरतों से खिंचकर
जवार की सारी दुकानें सिमट आती थीं
जहाँ लोगों के सुख-दुःख का विनियम होता था
और ज़िन्दगी अपने अभावों में भी संवाद करती थी।

यहीं कहीं वह बाग था
किन्तु अब यहाँ
या तो खेत दिखाई दे रहे हैं
या तरह-तरह की दुकानों का स्थायी बाज़ार
यह क्या किया लोगों ने
कि पेड़ों की सामूहिक छाया काटकर
नंगे आसमान के नीचे
अपने-अपने बाज़ार बना लिये हैं
वे नहीं जानते कि
बाज़ार के लिए भी पेड़ ज़रूरी होते हैं।

1-6-92

घर : पाँच कविताएँ

॥ 1 ॥

बाहर से न धूप आती है, न हवा
न बच्चे चहचहाते हैं, न गौरैया
न पुस्तकें खुलती हैं, न खिड़कियाँ
अपने में बन्द इस मकान में
सुख का चिकना मौन दहाड़ता रहता है
आदमियों के ओठों से चिपकी हुई
हँसी की धूल झाड़ता रहता है
एक स्तब्धता लगातार चक्कर काटती-सी लगती है
समृद्धि से बेसुध कमरों में
मधु-मक्खी की तरह
और डँसती रहती है सम्बन्धों को
हर भरी-पूरी आँख में
न जाने कैसा एक ठहरा-ठहरा-सा डर है
हाँ, यही मकान
देवताओं का घर है।

॥ 2 ॥

पिता—
भागती हुई सुबह
थकी हुई शाम
माँ—

अनुक्रम

प्रिय नन्हे मुन्ने

संकल्प, आयुष और स्निग्धा,

"कौन जाने

तुम्हीं वह मसीहा निकलो

अभिशप्त समय जिसका इन्तजार कर रहा हो,"

इस विश्वास के साथ

यह कृति तुम्हारे नाम कर रहा हूँ।

कामों से लदा सरकता हुआ पीला दिन
खाँसती हुई रात
बेटी—
निरन्तर जवान होती हुई एक चिन्ता
बेटा—
अनिश्चित भविष्य का बोझ लादे
घर, स्कूल और दफ्तर के बीच
भटकते हुए वर्तमान का सफर है
किराए के मकान में यह भी एक घर है।

॥3॥

चलते-चलते जहाँ कहीं जगह मिलती है
गाड़ देते हैं तम्बू
और हर हाथ अपने हुनर से खेलने लगता है
वे खाते हैं, पीते हैं, तकरार करते हैं
लड़ते हैं, झगड़ते हैं, प्यार करते हैं
न भविष्य की चिन्ता सताती है
न अतीत का मोह
घड़ी-दो घड़ी में
वर्तमान से नया राग तन जाता है
और देखते-देखते एक घर बन जाता है।

॥4॥

खाने को
धूल है, धुआँ है
पीने को
एक अन्धा-सा कुआँ है
सुनने को
नेताओं का हुआँ-हुआँ है

चारों ओर कँटीले तार-सा तना हुआ डर है
ये जिसमें रहते हैं
पता नहीं, वह गुफा है या घर है।

॥ 5 ॥

हवा की दीवार है
और धूप की छत
नंगी ज़मीन का बिछौना है
जिस पर बैठा है एक परिवार गुमसुम-सा
खाली आँखें खाली आँखों में झाँकती हैं
और भर जाती हैं
अपना दर्द पीती हुई
दूसरों के दर्द से डर जाती हैं
खुरदरे हाथ
आपसी अभावों को बाँटते रहते हैं
बिना किसी भविष्य के भी
वर्तमान के भारी दिन काटते रहते हैं
चारों ओर खाली दिशाएँ हैं, खाली आकाश है
खाली शाम है, खाली सहर है
वाह, यह कितना बड़ा घर है।

27-10-92

मधुमक्खियाँ

छत्ते पर किसने पत्थर फेंका है
कि मधुमक्खियाँ उतरायी हुई हैं
बौखलायी हुई हैं
और खोज रही हैं उसे
जाने किसे-किसे खदेड़ रही हैं
किसे-किसे काट रही हैं
लोग भाग रहे हैं
छिप रहे हैं।
हाँ, मधुमक्खियाँ देश की जनता तो नहीं
कि अपना सब कुछ लुट जाने पर भी
चुप रहेंगी
और लूटने वाला
सामने खड़ा होकर मुस्कराता रहेगा।

28-10-92

आशीष

संकू!
अब तुम धीरे-धीरे मुस्कराना सीख रहे हो
धीरे-धीरे आँखों से बोलना सीख रहे हो
जब मुस्कराते हो तो
न जाने तुम्हारे भीतर के
कितने निश्छल सपने महकने लगते हैं
तुम्हारी मौन बोलती आँखें
न जाने किस पुष्प-वन का
सन्देश देना चाहती हैं
तुम्हारी उठती गिरती बन्द मुट्ठियों में
न जाने समय का कौन-सा रहस्य छिपा है?

तुम इस घर में
भोर के उजाले की तरह उतरे हो
जो माँ की गोद में उष्मा भरकर
धीरे-धीरे आँगन में खेलेगा
फिर देहरी पार करेगा
और फैलता जायेगा न जाने कहाँ-कहाँ तक

लेकिन बेटे,
तुम्हें पता नहीं है कि
तुम जिस समय यहाँ आये हो

वह जलता हुआ समय है
चारों ओर आदमी नहीं
सम्प्रदाय चल रहे हैं
जीवन का तेज नहीं
श्मशान जल रहे हैं
आसपास नीति नहीं
राजनीति हँस रही है
दर्द को सहलाने वाली पड़ोस की हवा
अब भीतर तक डँस रही है
अब तो शिशुओं की हँसी तक
सुरक्षित नहीं रही
मेरे बेटे,
तुम ज्यों-ज्यों बड़े होगे
अपने समय की हवाएँ तुम्हें डँसेंगी
माँ बनकर
कितनी ही पूतनाएँ तुम्हें अपनी गोद में कसेंगी
तुम्हारी यह निच्छल खुली बेनाम हँसी
नाम पा जायेगी किसी सम्प्रदाय, वर्ग या दल का
तुम्हारी मौन बोलती आँखों की मानवीय भाषा
किसी पक्ष के अभिप्राय से जुड़ जायेगी
तुम्हारी मुट्ठियों में बन्द सुन्दर रहस्य
सरककर गिर जायेगा
और समय उनमें
कोई न कोई झंडा या बन्दूक थमा देगा
तुम विस्मित-से यह सब देखोगे
और सोचोगे—'कहाँ आ गया हूँ?'

नहीं मेरे बेटे,
तुम इस तरह विमूढ़ होकर

समय से लांछित मत होना
उसके भाल पर
अपनी इसी हँसी के फूल छापते रहना
कौन जाने
तुम्हीं वह मसीहा निकलो
अभिशप्त समय जिसका इन्तज़ार कर रहा हो।
(पोते संकल्प के नाम)

21-12-92

हरसिंगार

शरद ऋतु के आते ही
मेरा हरसिंगार खिलखिला पड़ता है
शाम होते ही
एक मीठी गन्ध बहने लगती है आसपास
उसकी हँसी से
और रात-भर वह शरद की हवाओं पर
अपना नाम लिखता रहता है।

सुबह उठकर देखता हूँ
धरती पर उसकी हँसी बिछी होती है
उसे सहेजता हूँ
और दे देता हूँ अल्पना को
शृंगार के लिए
दे देता हूँ बच्चों को
प्यार के लिए
मेरी हथेली गन्ध से महमहाने लगती है।

दीवाली की प्रतीक्षा रहती है लोगों को
लेकिन
मेरा हरसिंगार उदास हो जाता है
उस दिन
पटाखों की चिरायँध में

मेरे हरसिंगार की महकती शाम खो जाती है
एक बारूदी विस्फोट में
उसकी मौन रागिनी रो जाती है
सवेरे उठता हूँ तो देखता हूँ
चारों ओर पटाखों के चीथड़े फैले हुए है
बारूदी शोर जख्मी होकर
यहाँ-वहाँ हाँफ रहा है
और धरती पर बिखरी हुई हरसिंगार की हँसी पर
धुएँ की विषैली परतें छायी हुई हैं।

ओ भाई,
दीवाली की रात में
ले जाओ अपने काले जाल में फँसाकर लक्ष्मी को
और अपने-अपने तहखानों में बंद कर दो
मुझे नहीं चाहिए तुम्हारी उलूक वाहिनी लक्ष्मी
लेकिन मेरे हरसिंगार को तो आहत मत करो
मेरा हरसिंगार शरद् है
और शरद् जीवन है उन सबका
जो प्यार करते हैं।

29-10-92

बाढ़

'हम कहाँ चाहते रहे कि
नदी की तलेटी में बसें
लेकिन जाते कहाँ?
यहाँ सड़क भी तो अपनी नहीं है
जिस दिन यहाँ बसे
उसी दिन समझ गए कि
उसे होना है जो आज हुआ
और होने को तो रोज़ ही होता रहता है
कुछ इसी तरह का
तो भी हम चिपके रहते हैं
गुफानुमा अपनी झोंपड़ियों से
लेकिन आज जो हुआ . . .'

ऊँची सड़क पर
अपने बाल-बच्चों को अपनी असहाय सुरक्षा में समेटे
लोग सोच रहे थे
सामने हहराता हुआ छाती-भर पानी . . .
पानी में बहते हुए अपने टूटे घर . . .
अरतन-बरतन . . .
खटिया-चटाई . . .
आटा-चावल . . .
उनकी दहशत-भरी आँखों में

न जाने क्या-क्या समाया हुआ है
कहाँ समय था इन्हें बचाने का
रात के झनकते वीराने में
लगातार बरसता पानी . . .
एक लय में घरों की दीवारें टूटने लगीं
एक के बाद एक . . .
लोग एकाएक जागे तो
अपने को पानी में पाया
टखने-भर
घुटने-भर
कमर-भर
छाती-भर
पानी ने नहीं देखा—
कौन घर हिन्दू है कौन घर मुसलमान
कुछ लोग दीवार के नीचे लापता हो गये
बचे हुए लोग बाल-बच्चों को लादे-फाँदे
बाहर आने के लिए पानी से लड़ते रहे
हिन्दू और मुसलिम-पीड़ा
एक दूसरे में समाती रही
लोग अपने दर्द से थोड़ा उबरकर
दूसरे का हाथ सँभालते रहे
यह नहीं देखते रहे कि
यह हाथ हिन्दू का है कि मुसलमान का
बाढ़ सबके आम दुश्मन की तरह
सामने हहरा रही है
सबके पेट में एक ही भूख
सनातन सत्य-सी हाहाकार मचाए हुए है
लगातार बरसते पानी में भीगकर
सभी का वर्तमान

समान रूप से छितरा गया है
और सभी
भविष्य न होने पर भी
उसे उम्मीद से देख रहे हैं
सभी सोच रहे हैं—
उन्हें बचाने न राम आए, न रहीम
न नेता आए न अभिनेता
न पंडित आए न मुल्ला
वे अपनी असहायता में भी
एक-दूसरे का सहारा बने हुए हैं
वे जानते हैं कि
ये सभी आएँगे
लेकिन अपने-अपने समय पर।

24-7-93

दिन

आज न यह किया
न वह किया
बस खुली खिड़की के पास बैठा हुआ
धूप से बतियाता रहा
और पीता रहा उसके स्पर्श की उष्मा
सामने के मैदान में देखता रहा
क्रिकेट खेलते स्कूली बच्चों को
रंगों में दहकते फूलों के ऊपर
तिरते तितलियों के इन्द्रधनुषी पंख
सुनता रहा
सामने के आकाश में छंद-सी उड़ती
चिड़ियों की चहचहाहट
हाँ
मैंने आज न यह किया
न वह किया
बस ऐसे ही दिन बीत गया
मुझे लगा कि
काल का एक छोटा-सा टुकड़ा
मेरे जीवन में से यों ही रीत गया
रात हुई
खिड़की बन्द कर
सर्दी से लदे कमरे में

रजाई के नीचे डूब गया
चारों ओर फैल गया एक ठण्डा सन्नाटा
नींद में लगा
धीरे-धीरे खिड़की खुल रही है
और भीतर आ रही है
हँसती हुई धूप
क्रिकेट खेलते बच्चे
फूल और तितली के इन्द्रधनुषी पंख
चिड़ियों की चहचहाहट
हाँ, आज मैंने
यह नहीं किया, वह नहीं किया
लेकिन कुछ तो ऐसा किया
कि दिन मेरी रात में उतर आया।

5-3-94

घर जल रहा है

कश्मीर जल रहा है
पर्यटकों का स्वर्ग जल रहा है
राजनीतिज्ञों की राजनीति जल रही है
धार्मिकों का धर्म जल रहा है
कलाकारों की कला जल रही है
सभी सुरक्षित होकर
लीलाभाव से देख रहे हैं यह जलना
और अपनी-अपनी योजनाओं में खोये हुए हैं।

लेकिन हमारा तो घर जल रहा है
जलते हुए अपने घरों से भागकर
हम आ गये हैं इस अजनबी बस्ती में
और मुड़-मुड़कर, सहमी निगाहों से
अपने घरों का जलना देख रहे हैं
तुम क्या समझो हमारे रहनुमा
कि घरों का जलना क्या होता है
वह जलना होता है हमारे बचपन का
उसकी सारी यादों का
गली-मोहल्लों का
परिवार और पड़ोस के सम्बन्धों का
विद्यालयों और पुस्तकालयों का
पेड़-पौधों का

पशु-पक्षियों का
झीलों और सरोवरों का
सड़कों और पगडंडियों का
मौसमों और ऋतुओं का
धूप और हवाओं का
जिनसे हमारा बचपन
रूप लेता है, रस लेता है
गन्ध लेता है, स्पर्श लेता है
प्यार लेता है, सफलता लेता है
हँसी लेता है, आँसू लेता है
इनकी कोई जाति नहीं होती
इनका कोई सम्प्रदाय नहीं होता
ये हमें पर देते हैं
मनुष्यता के आकाश में उड़ने के लिए
इनके बिना हम कहाँ कुछ होते हैं,
हम यहाँ अपने सिरों पर गठरी-मोटरी उठाये हुए
देख रहे हैं
केसर के रंग आग की लपटों में खो गये हैं
डल झील की शान्त लहरों में
ज़हर का ज्वार उमड़ रहा है
संगीत-भरी घाटियों में
विदेशी बन्दूकों का अट्टहास दहाड़ रहा है
गोल-मटोल शिशुओं की बड़ी-बड़ी आँखों में
भय की परछाइयाँ हिल रही हैं,
परियों के पंख झुलस गये हैं,
रास्ते दहशत में डूबे हुए खामोश पड़े हैं।

हम परायी बस्ती में आसरा खोज रहे हैं
रहनुमाओं के रहम की भीख

हमारी फटी चादर पर चू रही है
और लाज के मारे हम सिर नहीं उठा पा रहे हैं
अपने भविष्य की आँखों में
हम निरन्तर खानाबदोशी का डर देख रहे हैं
हम मुड़-मुड़कर
अपना जलता हुआ घर देख रहे हैं।

8-3-94

तुम और मैं

॥ 1 ॥

बहुत दिनों बाद आज
हम उसी नदी तट से गुज़रे
जहाँ नहाते हुए नदी के साथ हो लेते थे
आज तट पर रेत ही रेत फैली थी
रेत पर बैठे-बैठे हम
यों ही उसे कुरेदने लगे
और देखा कि
उसके भीतर से पानी छलछला आया है
हमारी नज़रें आपस में मिलीं
हम धीरे से मुस्करा पड़े।

4-2-94

॥ 2 ॥

दीया मत बुझाओ
माना कि यह हमारे आराम का समय है
लेकिन तो भी
रोशनी को पुकारने दो
कौन जाने कोई राही भटका हो
घने अँधेरे के जंगल में
याद हैं न अपने वे दिन।

5-2-94

॥ 3 ॥

अभी भी मुझे बहुत अच्छे लगते हैं
फूल
जाड़े की धूप
चाँदनी रात
नदी, सुंदर चेहरे
और न जाने क्या-क्या
और वसन्त तो
जैसे मेरे पास से कभी गया ही नहीं
लेकिन सबसे अच्छा लगता है
इन सबमें तुम्हारा होना
और तुम्हारे होने का अर्थ है
सौन्दर्य का ज़िन्दगी में
और ज़िन्दगी का सौन्दर्य में बदल जाना।

5-3-94

॥ 4 ॥

छूटती गयी
तुम्हारे हाथों से मेहँदी की शोख लाली
पाँवों से महावर की हँसी
आँखों से मादक प्रतीक्षा की आकुलता
वाणी से झरती शेफाली
हँसी से फूटती चैत की सुबह
मुझे लगा कि
मेरे लिए तुम्हारा प्यार कम होता जा रहा है
मैं कुछ नहीं बोला
भीतर-भीतर एक बोझ ढोता रहा
और एक दिन
जब तुमसे टकराना चाहा
तो देखा
तुम 'तुम' थीं कहाँ?
तुम तो मेरा सुख और दुःख बन गयी थीं।

6-3-94

हाथ

इस हाथ से मैंने
आगजनी पर कविता लिखी
दंगे पर कहानी
आरक्षण पर लेख लिखा
अयोध्या प्रसंग पर टिप्पणी
आतंकवाद के विरुद्ध हस्ताक्षर अभियान चलाया
और कनॉट प्लेस में मानव शृंखला बनाई
सम्प्रदायवाद के विरोध में
लेकिन तुम कहाँ छिपे रहे भगोड़े
इस जलते समय में?

वह चुप रहा
और शायद मेरी चिकनी हथेलियाँ देखता रहा
फिर धीरे-धीरे अपने दोनों हाथ फैला दिए
वे झुलसे हुए थे।
वह बोला—
"मैंने एक जलते हुए मकान में से
एक बच्चे को बचाया था
फिर अस्पताल में पड़ा रहा।"

29-5-93

सपने

यह कोई देवनगर है
जहाँ टँगी हैं बन्दनवार-सी आँखें ही आँखें
आदमी की . . .
इन आँखों में से सपने शायद निकाल लिये गये हैं
इसलिए नगर बेख़ौफ सो रहा है
लेकिन सपने कभी मरते हैं क्या?
देखो न
कुछ दूसरी आँखें
इन आँखों के लिए सपने देख रही हैं
और जब तक सपने रहेंगे
बेख़ौफ नहीं सो सकता यह नगर
फिलहाल उसे पता नहीं है
इन सपनों का।

17-6-93

रास्ता

मैं रेलवे लाइन के किनारे का एक गाँव हूँ
अनन्त गाँवों की तरह
एक्सप्रेस गाड़ियाँ रोज़ यहाँ से गुज़रती हैं
पर मुझे पहचानती कहाँ?
उनकी नज़र तो
एक बड़े स्टेशन से छूटकर
दूसरे बड़े स्टेशन से बँध जाती है
वे चली जाती हैं
मेरे ऊपर
बेतहाशा शोर और गर्द-गुबार की आँधी उड़ाती
दहलाती हुई मेरी छाती
अपने मशीनी बोझ से
मेरा प्रान्तर देर तक काँपता रहता है
और झाड़ता रहता है उनकी दहशत
कपड़े पर जमी धूल की तरह
बार . . . बार . . .
मैं छोटा-सा गाँव हूँ
भला शहरों से शहरों की ओर भागती
इन गर्वित गाड़ियों के लिए
मेरी औकात क्या है?
लेकिन कभी-कभी सोचता हूँ कि
मैं न होता
तो इन्हें रास्ता कौन देता?

13-7-93

यह किसका घर है

"यह किसका घर है?"
"हिन्दू का।"
"यह किसका घर है?"
"मुसलमान का।"
"यह किसका घर है?"
"ईसाई का।"
शाम होने को आयी
सवेरे से ही भटक रहा हूँ
मकानों के इस हसीन जंगल में
कहाँ गया वह घर
जिसमें एक आदमी रहता था?
अब रात होने को है
मैं कहाँ जाऊँगा?

10-9-93

स्याही

जब स्याही लेखनी में समाती है
तब रचती है
सुबह की धूप
दोपहर का इन्द्रधनुष
और रात का सपना
और पूरा पृष्ठ
समय का संगीत बन जाता है
लेकिन जब कोई दुष्ट हाथ
पृष्ठ पर दवात ढरका देता है
तब स्याही पूरे पृष्ठ पर फैल जाती है
और लील जाती है
अतीत, वर्तमान और
भविष्य की भाषा
काला पृष्ठ क्रमशः बड़ा होता हुआ
गाँव, शहर, प्रदेश,
देश और विश्व बन जाता है
कुछ देर तक पसरा होता है
एक लम्बा, डरा हुआ सन्नाटा
फिर कोई लेखनी
अपने में स्याही भरती है
और नया पृष्ठ लिखना
शुरू कर देती है।

28-9-93

चिड़िया और शीशा

चिड़िया शीशे पर
लगातार चोंच मार रही है
शायद सोचती है कि
उसकी परछाईं शीशे में क़ैद हो गई है
चोंच मार-मारकर
उसे निकालना चाहती है

शायद वह अपनी परछाईं को
शीशे के महल में बन्द
प्रतिद्वन्द्वी समझ रही है
और उसे चोंच मार-मारकर
आहत करना चाहती है

शीशे के महल में बन्द होने का सपना लिये
मैं रोज़ देखता हूँ
शीशे से चिड़िया की यह लड़ाई।

6-6-93

कठफोड़वा

कठफोड़वा पेड़ में चोंच मार-मारकर
घर बनाता रहता है
उसे नहीं पता रहता कि
पेड़ पर कब वसन्त आया
याकि कब बादल झुके
कब वह फूलों के उत्सव से लदा
कब उसकी सुगन्ध लेकर
हवा दिगन्तों तक लुटा आयी
कब मधुमक्खियों ने उसके रस को
छत्ते में बटोरा
फिर शहद बनाकर बाँट दिया
जीवन के याचकों को
कब चिड़ियों ने
उसके पत्ते-पत्ते
टहनी-टहनी का प्यार पिया
और संगीत की तरह बरसा आयीं
सुबह और शाम की लम्बी घाटी के बीच
कब उसकी छाँह में
एक जलती-हाँफती दोपहरी आयी
और दुबककर सो गयी
जैसे माँ की गोद में बच्चा
हाँ, कठफोड़वा यह कुछ नहीं देखता

पेड़ को चोंचे मार-मारकर
केवल अपने लिए घर बनाता है
और समझता है कि
वह भी रचना कर रहा है।

6-1-93

डर

सड़कें पीछा करती रहीं
चौराहे घेरते रहे
लाल बत्तियाँ घूरती रहीं जलती आँखों से
ऊँचे-ऊँचे पेचदार भवनों की खिड़कियाँ
फेंकती रहीं आग छिप-छिपकर
विश्वास के जाल में समेटकर
आत्मीय मुस्कानें डँसती रहीं
सभ्य आँखें
अंग-अंग में चुभ-चुभकर हँसती रहीं

आखिर मैं भागता नहीं तो क्या करता?
अब इस भुतहे सुनसान में
कोई डर नहीं है
यहाँ भूत हैं, प्रेत हैं
जंगली जानवर हैं
लेकिन दूर-दूर तक
आदमी का कोई घर नहीं है

17-6-93

लकड़हारा

लकड़ी से चूल्हा जल रहा है
चूल्हे पर पानी गरम हो रहा है
चूल्हे पर खाना पक रहा है
जिसमें से फूट रही हैं ख़ुशबू

हमने स्नान किया
साफ-सुथरे कपड़े पहने
फिर स्वादिष्ट भोजन किया
और जाड़े की गुनगुनी धूप में बैठ गये
कहानी पढ़ने
हाँ, हम कहानी पढ़ रहे हैं
एक लकड़हारे की
लकड़हारा जंगल में जाता है लकड़ी काटने
उसके तन और फटे कपड़ों के बीच
जाड़े की थरथराहट दौड़ रही है
जंगल की विषम भूमि
और उसके बेवाई फटे पाँवों के बीच
काँटों की चुभन उगी हुई है
उसकी बुझी हुई आँखों और पेड़ों के बीच
चमक रही हैं जंगली जन्तुओं की भूखी आँखें
उसके भीतर से बाहर तक फैला है
एक खाली सन्नाटा

जिसे तोड़ने के लिए
वह कुल्हाड़ी से काटता है पेड़
उसे पता नहीं कि वह पेड़ नहीं
धीरे-धीरे अपना घर काट रहा है
वह लकड़ियाँ बेचता है
उसे पता नहीं कि वह लकड़ियाँ नहीं
धीरे-धीरे बस्ती के हाथों
अपनी छाँहें बेच रहा है

और जब वह घर लौटता है
तो एक ठण्डा चूल्हा उसका इन्तज़ार कर रहा होता है
जिसके इर्दगिर्द बैठे होते हैं
बच्चे, पत्नी और ठण्डा सन्नाटा

हाँ, जब चूल्हा ठण्डा पड़ा हो
तो सचमुच किसी को पता नहीं होता
कि वह क्या काट रहा है
क्या बेच रहा है।

10-12-93

शब्द

उसने तुम्हें शब्द दिये
तुम शब्दों को सजाते गये नुमाइश की तरह
और स्वयं शब्द बनते गये
वह मूक देखता रहा
तुम कब पहुँचते हो
उसके समुद्र-से मन
और बादल-सी आँखों तक
नदियों की तरह बहते दर्द
और हवाओं की तरह उड़ते
उसके सपनों की पाँखों तक।

2-1-93

कटे-फटे पृष्ठ

उन्होंने कहा—
"धन्य है यह कागज का पृष्ठ
जिस पर यह अमर रचना हँस रही है
फिसल रही हैं दृष्टियाँ जिस पर
पूजा-भाव से।"

लेकिन जब मैं यह पृष्ठ देखता हूँ
मुझे दिखाई पड़ने लगते हैं वे ताज़ा पन्ने
जो उड़ते-फड़फड़ाते आते हैं बारी-बारी
रचना की मेज़ पर
और तोड़-मोड़कर फेंक दिये जाते हैं
रद्दी की टोकरी में
जैसे पंख कटी चिड़िया

कटे-फटे शब्द
और शब्द में से उभरता कोई और शब्द
कटी-फटी पंक्ति
और पंक्ति में से उभरती कोई और पंक्ति
कटा-फटा पृष्ठ
और पृष्ठ में से उभरता कोई और पृष्ठ
कटा-फटा दर्द
और दर्द में से उभरता कोई और दर्द

कटी-फटी रचना
और रचना में से उभरती कोई और रचना
और अन्त में
एक सजी-सँवरी रचना
एक पृष्ठ पर जमकर बैठ जाती है
और प्रिय या पूज्य बन जाती है

कटने-फटने की पीड़ा
दाग की तरह सीने से लगाए हुए
कटे-फटे पन्ने
रद्दी की टोकरी में पड़े-पड़े इन्तज़ार करते हैं
उन हाथों का
जो उसे जला देंगे
या नए कोरे कागज़ की शक्ल में ढाल देंगे
फिर किसी अमर रचना हेतु
कटने-फटने के लिए।

20-10-93

आग

बहुत गरमी थी
उनकी वाणी में और मौसम में भी
उनके इशारे पर
रास्ते-भर हज़ारों हाथ गरमजोशी से उठते रहे
हाथों में टँगे झण्डे गरम हवा फेंकते रहे
भेड़िये सी आँखों में
हिंसा प्रतिहिंसा की आग धधकती रही
आवाज़ों में मर मिटने के नारे
लूक से टूटते रहे।

जब इष्ट की प्रतिष्ठा करके लोग लौटे
तो पेट की दबी आग उभर आयी थी
लेकिन चूल्हा ठण्डा पड़ा था।
लोगों ने चारों ओर देखा
वे कहीं नहीं थे।

1-12-92

जीने के लिए

क्या काव्यात्मक दृश्य है
सोचा—कविता लिखूँ
काले-काले बादलों से भरा हुआ आकाश
झम-झम-झम-झम बरसता हुआ पानी
पंख फैलाये उड़ान भरते पंछी
झूम-झूमकर नहाते हुए पेड़
रोम-रोम में सिहरन भरती
गन्ध-भरी मस्त पुरवाई
सड़क पर किलोल करते हुए बच्चे

और दूर गाँव से
स्मृतियों के पंख पर उड़कर आती हुई
धानों की श्यामल आभा-तरंगें
मस्त नाचते मोरों की पिहँक
पपीहों के भीगे बोल
झड़ियों के आघात से
जलतरंग की तरह बजता हुआ तालाब
क़जली के दर्द-भरे गीत
धानी चूनर की हँसी
मेहँदी की मादक गन्ध
और हाथों पर हँसती हुई उसकी लाली
और न जाने क्या-क्या . . .

हाथ में लेखनी लिये
मैं घण्टों खोया रहा इसमें
आँखों से रूप के संवाद चलते रहे
कानों में मेघ-संगीत बजता रहा
साँसों में गन्ध के छन्द गूँजते रहे
त्वचा पर शीतल स्पर्श के फूल खिलते रहे
प्राणों में रस का झरना बहता रहा
जब मैं क्षण-भर के लिए अपने में लौटा
तो देखा—
लेखनी हाथ से छूटकर गिर गयी थी
'अरे कविता?' मेरे मुँह से निकला
'जाने दो यार', मन ने कहा—
'कविता फिर लिख लेना
सामने उमड़ता हुआ इतना जीवित सौन्दर्य
जीने के लिए
कभी-कभी तो
इसमें अपने को यों ही छोड़ दिया करो।'

25-7-93

अपरिचय

न मैं तुम्हें जानता था
न तुम मुझे
न मैंने तुम्हारा नाम-धाम पूछा
न तुमने मेरा
न जाने कहाँ से तुम आए
और मेरे बुझे अकेलेपन के सामने
चुपचाप बैठ गए
मैंने देखा कि
अँधेरी रात में कहीं एक मोमबत्ती जल उठी है।

22-7-93

उत्तर आधुनिकता

उसने कहा—
''कविता वापस लौट रही है।''
और कविता की जगह
वह जाते-जाते स्वयं लौट आया

उसने कहा—
''यथार्थ अब जादुई हो रहा है।''
और उसका चुकता हुआ जादू
फिर एक बार यथार्थ बनकर मुस्करा पड़ा

उसने कहा—
''अब सत्य को जोड़कर नहीं
तोड़कर कहा जा सकता है''
और उसका टूटता हुआ सत्य-भ्रम
फिर जुड़ने लगा
वह न जाने और क्या-क्या कहता कि
बीच में ही एक श्रोता चिल्ला उठा—
''बस भाई बस,
तुम्हारी हिलती हुई कुर्सी को जमाने के लिए
इतना मसाला काफी है।''

22-4-92

बड़प्पन : दो कविताएँ

(एक)

माना कि आप बहुत बड़े हैं
लेकिन जरा देखिए तो
आसमान की ओर मुँह किये
आप ज़मीन पर नहीं
ऊँची कुर्सी पर खड़े हैं
और कुर्सी का क्या भरोसा श्रीमान्
वह या तो पटक देती है
या ख़ुद ही टूटकर गिर जाती है
तब ज़मीन ही उसे सँभालती है
फि अपना टूटा हुआ बड़प्पन लिये हुए आदमी
निरीह भाव से ज़मीन को निहारता है
और ज़मीन उसकी ओर मुस्कराकर देखती है
ज़मीन से लगे छोटे-छोटे पाँव
आपस में मिलकर रचना करते रहते हैं
एक विराट् मानव-यात्रा की
और आसमान स्वयं उनके ऊपर झुका होता है
आशीष की तरह
बड़ा आदमी देखता है इन्हें
लेकिन इनके साथ हो नहीं पाता
और अपने वर्तमान को अकेला पाकर
अतीत में बड़बड़ाने लगता है

माना कि आप बहुत बड़े हैं
लेकिन . . .

5-1-93

(दो)

जहाँ कहीं जाता हूँ
अगली पंक्ति में कुर्सी खोजता हूँ
जो कि खाली नहीं होती
उचटा-सा इधर-उधर देखता हूँ
तो कोई दया करके कुर्सी छोड़ देता है।
जिस किसी सभा में जाता हूँ
निगाहें मुझ पर टिकी होती हैं
वक्ता कोई हो
मुझे कुछ न कुछ बोलने का
अभिशाप झेलना पड़ता है
कोई भी मरता है
या दुर्घटनाग्रस्त होता है
तो पहली सूचना मुझे मिलती है
और नहीं पहुँचने पर
मेरी अनुपस्थिति चर्चा में आ जाती है
हस्ताक्षर अभियान के लिए
कागज सबसे पहले मेरे पास पहुँचता है
और 'हाँ' 'ना' के जाल में उलझा देता है

मैं चाहकर भी किसी ढाबे पर
न चाय पी सकता हूँ न कुछ खा सकता हूँ
छोटे-छोटे किन्तु मनचाहे लोगों के साथ
न आ सकता हूँ, न जा सकता हूँ

चाहता हूँ—कुछ क्षण अकेले घास पर बैठा रहूँ
लेकिन लोग पूछने लगते हैं
किसी का इन्तज़ार है क्या?
और पास आकर बैठने लगते हैं
अपनी अवांछित उपस्थिति से
मेरे अपने समय में पैठने लगते हैं
कभी-कभी तंग आकर सोचता हूँ
कैसा है यह बड़ा होना
भीतर-भीतर पंगु होते जाना
और बाहर-बाहर तनकर खड़ा होना।

15-9-93

हम दोनों

हम दोनों गाँव से साथ ही चले थे
दोनों धूल-भरी पगडण्डियों से होते हुए
स्टेशन आए थे
और भीड़ में गिरते-पड़ते
महानगर में आ गिरे थे
हमारे पास एक झोला था
जिसमें कुछ प्रमाण-पत्र थे
कुछ चना-चबेना
और आँखों में एक टूटा-फूटा सपना था

हम साथ-साथ फुटपाथ पर सोते रहे
हम साथ-साथ नौकरी खोजते रहे
मैं देखता था कि चलते-चलते
वह राज-परिसर में कहीं ठिठक जाता था
और उसकी दृष्टि भवनों की आखिरी मंजिल से खेलने
लगती थी
मैं अपने प्रथम श्रेणी के प्रमाण-पत्र लिये
फुटपाथ के पास ही खोजता था
पाँव टिकाने का कोई ठिकाना

धीरे-धीरे मुझे यह भी अनुभव हुआ कि
उसका मन मेरे साहचर्य से उचट रहा है

और एक दिन मैं अकेला रह गया
उसी तरह सड़कों पर भटकता हुआ—
उस दिन अखबार में उसकी फोटो देखी
तो मालूम हुआ कि वह राज-परिसर में है
और गाँव जा रहा है दौरे पर
क्या किस्मत है कि
गाँव जाना चाहकर भी मैं
गाँव नहीं जा पा रहा हूँ
और मेरा दोस्त
न चाहकर भी गाँव जा रहा है
जय-जयकारों के रथ पर सवार होकर
मैं तो न शहर का रहा, न गाँव का
और शहर तथा गाँव
दोनों उसके पाँव के नीचे आ गए हैं।

16-2-93

कविता हमें मनुष्य बनाती है

''कविता हमें मनुष्य बनाती है''
सूत्रधार के इस महान् सूत्र के साथ
मंच पर एक कवि जी अवतरित हुए
हमारी आँखों में उनके लिए अपरिचय पढ़कर
सूत्रधार ने कहा—
''ये अपने समय के महान् कवि हैं।''
वे कविता पढ़ने लगे
हम सुनने लगे
लोग पहले तो भौचक-से देखते रहे
फिर आपस में बात करने लगे
''किन अपात्रों के बीच मुझे फँसा दिया''
कवि जी ने झल्लाकर सूत्रधार से कहा—
''यह जगह मेरी नहीं है।''
''सचमुच यह आपकी जगह नहीं है महाकवि''
एक श्रोता चिल्लाया—
''आपकी जगह तो सरकारी अकादमियाँ हैं
और आपकी महानता
अपने कुछ चुने हुए जौहरियों की
जय-जयकार के घेरे में
सुरक्षित चलने वाली राजरानी है
इस देशी धूल-माटी तक आते-आते
उसकी चमक मुरझा जाती है

और हम कविता सुनने आए थे कविवर, मंत्र नहीं।''
महाकवि ने हिकारत से हमें देखा
और माइक फेंककर चले गए
लोग हँसने लगे
लेकिन मैं गहरी चिन्ता में डूब गया—
''हाय, यह क्या हो गया
इतने लोग मनुष्य बनने से वंचित रह गये।''

1-6-93

स्पर्श

बबूल की टहनियाँ हिल रही हैं
काँप रही हैं पत्तियाँ
सरोवर का जल थरथरा रहा है
धान की फसल के सागर में
लहर पर लहर फिसल रही है
यानी कि ठण्डी पुरवा हवा चल रही है

प्रतीक्षा में हूँ
कि अभी मुझमें भर जाएगा
उसका ठण्डा-ठण्डा स्पर्श
लेकिन बीच में शीशे की दीवार है
और इस बनजारन हवा को क्या पड़ी है
कि शीशे के अन्दर झाँके
वह मचलती हुई पास से निकल जाती है

खेतों के बीच कब से खड़ी है गाड़ी
ए.सी. डिब्बे में मैं क़ैदी-सा बैठा हूँ
ठण्डी हवा तो अन्दर भी है
लेकिन वह भी क़ैद है—
मेरे साथ डिब्बे में
मैं खिड़की के शीशे से बाहर
हवा को देख रहा हूँ
और तरस रहा हूँ
उसके एक ठण्डे स्पर्श को।

26-9-93

साथ-साथ

हम साथ-साथ खेले थे
साथ-साथ पढ़े थे
साथ-साथ मास्टरजी की मार खायी थी
साथ-साथ रोये थे
साथ-साथ हँसे थे
साथ-साथ बम्बई गये थे
साथ-साथ वहाँ मिल में नौकरी की थी
अपनी माताओं को लिखे पत्रों में
हम साथ-साथ होते थे
मेरी माँ तुम्हारा हाल सुनाने
तुम्हारी माँ के पास आती थी
और तुम्हारी माँ मेरी माँ के पास
एक दिन झटके से एक लाल आँधी उठी
और हमें दो विपरीत दिशाओं में पटक दिया
हम एक-दूसरे को पुकारते ही रह गये
आज मैं गाँव
पहली बार अकेला जा रहा हूँ
तुम्हारी माँ
तुम्हारा हाल पूछने मेरे पास आएगी
तो मैं क्या बताऊँगा, मेरे दोस्त रहमान?

10-6-93

घर

लकड़ी है, दियासलाई है
चक्की है, चूल्हा है
खटिया है, चटाई है
लोटा है, थाली है
हँसिया है, कुदाली है
कपड़े हैं, लत्ते हैं
सूई है, डोरा है
खूँटी है, अलगनी है
ताक हैं, झरोखे हैं
कापियाँ हैं, किताबें हैं
कलमें हैं, बस्ते हैं
बिखरे खिलौने हैं, नन्हा-सा झूला है
और न जाने कितनी छोटी-छोटी चीजें हैं
जिन्होंने मिलकर
सदियों में धीरे-धीरे घर बनाया है
जिसमें रहते हैं
माता-पिता
भाई-बहन
पति-पत्नी
दादा-दादी
पोते-पोतियाँ
गाय-बकरी

कुत्ते-बिल्ली
गौरैया-कबूतर
तोता-मैना
हाँ, सदियों में बना है यह घर
जिसमें टूट-टूटकर
अपनेपन का साज सजता रहता है
सुख-दुःख का संगीत बजता रहता है
जिसके आँगन में
उतरती रहती है एक सुबह
तपती रहती है एक दोपहर
और ढलती रहती है एक शाम
रात-दिन का सहगान चलता रहता है
हर सुबह
इस घर से पाथेय लेकर निकलती हैं
यात्राएँ
और अनन्त यात्राओं से गले मिलकर
बाँट आती हैं
हर शाम
थकी-मादी लौटती हैं यात्राएँ
और इसकी देहरी पर सिर रखकर
सो जाती हैं—
आश्वस्ति की गोद में
इसके आँगन में एक नन्ही-सी रोशनी उतरती है
देखना सीखती है
बैठना सीखती है
चलना सीखती है
बोलना सीखती है
यहीं
दिन में जागृति के छन्द सीखती है

यहीं
रात में सपनों के रंग पहचानती है
यहीं से समेटती है
रूप की, रस की, गन्ध की, स्पर्श की, स्वर की
अनन्त छवियाँ
और एक दिन स्वयं वसन्त बन जाती है
वसन्त भला किसी आँगन में कहाँ अँटता है
वह फैलने लगता है बाहर की ओर
हवाएँ उसकी साँसं बन जाती हैं
और सारी दिशाएँ महमहाने लगती हैं
बिरवा-बिरवा उसकी आभा की
आँच से दहक उठता है
पंछी उसके प्यार से चहचहाने लगते हैं
और हर आँख एक फूल बन जाती है
हाँ, सदियों में बना है यह घर
"लेकिन क्या होगा इस घर का?"
मैं सोच में डूब जाता हूँ
जब कहीं भी सुनता हूँ
किसी स्वेच्छाचारी इच्छा का बारूदी अट्टहास
सदियों को समाप्त होने में मिनट भी नहीं लगेगा।

22-11-92

ढल रहा है दिन

ढल रहा है दिन
धूप मन्द पड़ती जा रही है
और रंगों में उतर रही है ठण्डे अँधेरे की आहट
आँखों में बुझती जा रही है
रंग-बिरंगे फूलों की आभाएँ
थोड़ी देर में शाम आयेगी
और थके-हारे लोग
दहशत-भरी चुप्पियों में डूब जायेंगे
सामने पड़ी होगी लम्बी ठण्डी रात
मौत की घाटी की तरह।

लेकिन
कैसे हैं पंछी
जो दिन उगते समय भी गाते है चहचहाते हैं
उड़ते चले जाते हैं पंखों पर धूप बिछाये हुए
जीवन के अनन्त विस्तारों में
और दिन डूबने के समय भी
गाते हैं, चहचहाते हैं
उत्सव मनाते हैं
फिर चुपके से उतर जाते हैं रात की घाटी में।

6-11-92

क्या लाये हो नये वर्ष?

भौंरे फूल-फूल पर
उसी तरह गुनगुनायेंगे
चिड़ियाँ उसी तरह गायेंगी
पेड़-पौधे उसी तरह
अपने भीतर की उष्मा से फूलेंगे, फलेंगे
दुनिया के प्यार में ढलेंगे
नदियाँ उसी तरह
अपना जल बाँटती हुई प्रसन्न बहेंगी
हवाएँ उसी तरह लहराती हुई
साँसों का संगीत बनेंगी
धूप उसी तरह चुप होकर
शाम को कुछ गुनेगी
और सुबह होते ही बच्चों की तरह खिलखिलायेगी
प्रकृति में उसी तरह उगता रहेगा
दुःख में सुख और अपकर्ष में उत्कर्ष
पर
इस बार हमारे लिए क्या लाये हो नये वर्ष?

1-1-92

बहुत दिनों बाद

आज बहुत दिनों बाद
शहर के एक उपान्त से
उगते हुए चाँद को देखा
पेड़ों, पौधों, फसलों पर से
गगन में उठ रहा था चाँद धीरे-धीरे
और चाँदनी बरस रही थी
हल्की-हल्की फुहार-सी
पेड़ों के गलियारों में
सपने टहलते-से लग रहे थे
अट्टालिकाओं की छाँह से कसा मेरा मन
बहुत दिनों बाद पिघला था
और शीतल प्रकाश की धारा बन
फैल रहा था दिगन्तों की ओर
आज अपना गाँव का बचपन
याद आ गया था।

18-12-92

मैंने कब कहा था

मैंने कब कहा था कि
तुम मुझे पत्थर में बदलकर कहीं गाड़ देना
और गाड़ने से पहले
उसे हथियार की तरह भाँजना
और लहूलुहान कर देना
आसपास की गलियों को, सड़कों को।
गलियाँ और सड़कें तो सूख जाएँगी
लेकिन तुम नहीं देख पाओगे कि
मेरे भीतर जो ख़ून के धब्बे लगे हैं
वे हरे के हरे हैं
और लाशों के हट जाने पर भी
उनकी दुर्गन्ध मुझे दिन रात बेचैन किये हुए है
तुम्हें यह भी पता नहीं
कि जिसका ख़ून बहा है
वह भी मैं ही हूँ
जिसने बहाया है
वह भी मैं ही हूँ
तुमसे मैंने कब कहा था कि
मुझे अपने से अपने को मारने की
निरन्तर यातना की सज़ा में उतार दो
सदियों से मुझे जानने का दम भरते हो
लेकिन नहीं जान पाये कि

मैं किसी मन्दिर, मस्जिद या गिरजाघर में
किसी गाँव, कस्बे या शहर में
नहीं अँटता हूँ
'मैं', 'तुम' और 'वह' के खानों में
मैं नहीं बँटता हूँ।
मेरे नाम को हवा में उछालते हुए तुम
व्यर्थ ही
दूर-दूर न जाने कहाँ-कहाँ जाओगे
अरे दीवानो
तुम मौन भाषा में धीरे से मुझे पुकार लो
जहाँ कहीं रहोगे, अपने पास
पाओगे।

8-12-92

घर वापस आ गया है

माता–पिता
भाई–बहन
उनका आपसी प्यार
सभी कुछ तो है इस घर में
लेकिन घर नहीं है।
आज बहुत दिन बाद
पिताजी काँपते हाथों
कहीं से कुछ ले आए
और ठण्डे पड़े चूल्हे में
माँ के हाथों की आग खिलखिला पड़ी
देखते–देखते लगा
कि घर वापस आ गया है।

23–2–94

केवल मैं नहीं हूँ

तुम्हारे लिए लाता रहा
रंग-बिरंगे उपहार
लैंडस्केप
रेडियो
टी.वी.
वीडियो-गेम्स
फ्रीज
तरह-तरह के फर्नीचर
और न जाने कितने-कितने उपकरण साज-सज्जा के
जब देखा कि
मेरा कमरा एकदम भर गया है इनसे
तो मैं कितना ख़ुश हुआ था
ओ मेरे सुख
अब सोचता हूँ—
सभी कुछ तो है इस कमरे में
केवल मैं नहीं हूँ।

17-2-94

मैंने तो कहा था

मैंने तो कहा था—
ख़ुश रहो
लेकिन तुम ख़ुशी को सुख समझ बैठे
तुम्हारा सुख ज्यों-ज्यों बढ़ता गया
तुम उदास होते गये
अपने से दूर होते गये
कुर्सी के पास होते गये
और इतना कुछ पा लेने के बावजूद
तुम हँसी नहीं पा सके
तो मैं क्या करता
मैंने तो कहा था—
ख़ुश रहो।

2-2-94

रात के सामने

शाम हो गयी है
यात्रा में धीरे-धीरे लोग छूटते गये
अब परछाइयाँ भी
काँपती हुई विदा हो गयीं
निपट अकेला खड़ा हूँ रात के सामने
न जाने इस अँधेरे में
कोई रास्ता भी है कि नहीं
यह भी पता नहीं कि
कहाँ जाना है
लेकिन अब कुछ भी अपने वश में नहीं रहा
जाना तो होगा ही
आ सका तो कल फिर आऊँगा
सूरज के साथ।

26-2-94

भूख

आज राजा अकेला था
और थका-थका-सा, भटका-भटका-सा
उसके आते ही बाजार में तहलका मच गया . . .
''पधारिए राजा जी,
यह देखिए एक से एक उम्दा आयातित वस्त्र
जैसे आपके लिए ही भेजे गए हों
इन्हें अपने अंगों के स्पर्श का सौभाग्य दीजिए।''

''पधारिए राजा जी,
यह देखिए एक से एक मादक विदेशी सेंट
जैसे ये आपके लिए ही बनी हों
इन्हें अपनी साँसों में पनाह दीजिए।''

''पधारिए राजा जी,
यह देखिए देश-देश के आकाश से उतरी हुई
अनमोल लाल परियाँ
जैसे ये
आपकी प्यास की आवाज़ पहचानती हों
इन्हें अपने ओठों से लगने का गौरव दीजिए।''

''पधारिए राजा जी,
यह देखिए कला की अद्‌भुत वस्तुएँ

जैसे कलाकार ने
आपकी इच्छा की भाषा पढ़ ली हो
इन्हें अपने काम-कक्ष का शृंगार बनाइए।''

''पधारिए राजा जी,
यह देखिए नये माडल की हसीन गाड़ियाँ
जैसे ये आपके ही इन्तज़ार में थीं
अपने ख़ुशकिस्मत हाथों से छूकर
इन्हें अपनी नयी सेविका का दर्जा दीजिए।''

राजा बहुत बेसब्री से
इस दुकान से उस दुकान की ओर सरक जाता रहा
और दुकानों की आवाज़े
वातचक्र की तरह
अपने स्थान पर उठती-गिरती ऐंठ जाती रहीं।
''ऐसा तो कभी नहीं हुआ''
दुकानें सोचती रहीं।
''मुझे भूख लगी है'' राजा बोल।
''ऐं राजा को भी भूख लगती है?''
दुकानों ने एक-दूसरी ओर आश्चर्य से देखा।
''मगर यह तो शृंगार-हाट है राजा जी,
यहाँ भोजन की दुकान का क्या काम?''
कुछ दूरी पर धुआँ उठते देख
राजा ने उधर इशारा किया
''वह तो ढाबा है राजा जी,
ग़रीबों का गन्दा भोजनालय।''
राजा धीरे-धीरे उधर सरक गया
दुकानें अवाक-सी देखती रहीं।

राजा कुछ दूर खड़ा होकर निहारता रहा
सिंकती हुई लाल-लाल रोटियाँ
"रोटियाँ इतनी सुन्दर तो कभी नहीं दिखी थीं।"
उनकी सोंधी-सोंधी गन्ध
उसके घ्राण-प्राण में उतर रही थी
और भट्टी जैसे धीरे-धीरे सरककर
उसके पेट में समा गई थी।
सोचता रहा—
कहे—
"ओ भाई, दो रोटियाँ इधर भी।"
लेकिन शब्द ओठ में अटके हुए थे
और सारा ऐश्वर्य
निरर्थक बोझ बनकर ऊपर लदा था।

9-7-93

खंखड़ भया पलाश

'दस दिन फूला फूल के खंखड़ भया पलाश'
तुमने मुझ पर ही फबती क्यों कसी सन्त कवि

सेमल हो या पलाश
आम हो या अमलतास
फूलने या फलने के बाद तो सभी झड़ जाते हैं
तो क्या कोई फूले ही नहीं?
फूलने-फलने में अन्तर होता है सन्तप्रवर
एक फूलता है तो अपने में तन जाता है
समझता है कभी झड़ेगा ही नहीं
एक फूलता है तो
समझता है फूलना उसका धर्म है
और जितने दिन फूला रहता है
नत होकर लुटाता रहता है अपनी हँसी
झड़ते तो सभी हैं कवि,
किन्तु कोई फूला होकर भी चुका होता है
कोई झड़कर भी भरा होता है
आसपास की स्मृतियों में
माना कि मैं सुगन्ध नहीं दे सकता
(जो मुझे मिला ही नहीं वह कहाँ से देता?)
लेकिन जो मैं दे सकता हूँ
उसे पोर-पोर से उड़ेल देता हूँ

उसके रंग से घाटियाँ दहकने लगती हैं
और स्वयं वसन्त बन जाती हैं

मैं तो झड़ जाता हूँ
लेकिन मेरी रंग-लिपियाँ तैरती रहती हैं
समय के पृष्ठ पर
मेरे फिर दहकने की प्रतीक्षा में
ठण्डा समय बीत जाता है
और एक दिन फिर वसन्त आ जाता है।

2-10-93

पहाड़ा

दो का दोई
दो दूना चार
तीन का तीनी
तीन दूना छह
यों ही चलता रहता है पहाड़ा
कुछ ऐसी भाग्यवान संख्याएँ हैं
जो पहाड़े में बार-बार दुहरायी जाती हैं
कुछ ऐसी विषम हैं—
जिनका नाम कभी नहीं आता
वे चुपचाप सुनती रहती हैं
अपने आसपास की संख्याओं की जय-जयकार
वे यह भी जानती हैं कि
पहाड़ा पढ़ने वाले कभी नया नहीं सोचेंगे
वे दिये गये पहाड़े को
यों ही आँख मूँदकर दुहराते रहेंगे।

25-11-92

परिवार

कल तक हम परिवार के
एक-दूसरे की आँखों में अपने को पढ़ते हुए
एक दूसरे के ओठों पर
अपनी हँसी रचते हुए
हमारे किवाड़ों पर
जब हमारी अँगुलियों की थाप पड़ती थी
तब घर के भीतर बिछी हुई उत्सुक प्रतीक्षाएँ
सितार के तारों की तरह झनझना उठती थीं
और किवाड़ों के पास आकर
वे थाप में समा जाती थीं
पूरा आँगन चिड़ियों की चहचहाहट से भर जाता था
एक की नींद टूटती थी
तो सपने दूसरी आँखों में उग आते थे
इन्द्रधनुष की तरह
उठा हुआ एक हाथ शाम की तरह गिरता था
तो दूसरे हाथ उठ जाते थे सुबह की तरह
एक पाँव जमता था बर्फ की तरह
तो दूसरे पाँवों से नदी बह चलती थी
खिड़की चाहे किसी ओर हो
हर कमरे का मुँह आँगन में ही खुलता था
भिन्न-भिन्न रंगों के फूल होकर भी
हम उद्यान थे

अलग-अलग होकर भी
हमारे स्वर सहगान थे

आज हम एक ही मतपेटी में पड़े हुए
अलग-अलग दलों के वोट हैं—
व्यक्ति से मुहर बने हुए
साथ-साथ रहते हुए भी
एक दूसरे से तने हुए

8-9-94

मृत्यु : तीन कविताएँ

॥ 1 ॥

खिली हुई हेमन्त की चम्पई धूप
खेतों में खिलखिलाता फूलों का विस्तार
वह उसमें नहाता हुआ सोच रहा है—
हाय,
शाम तक यह धूप चली जायेगी
फैल जायेगा चारों ओर
अँधेरी रात का गहन सन्नाटा
काश,
यह धूप कभी न जाती
काश,
वह बटोर पाता ढेर सारी धूप
अँधेरे की यात्रा के लिए
वह कब से
धूप में जीने के स्थान पर
रात के भय में डूबा हुआ है।

15-11-94

॥ 2 ॥

मुर्गे
एक-एक कर
कसाई के छुरे के नीचे चिंचयाते हैं
और चुप हो जाते हैं

किन्तु वहीं
पिंजड़े में बन्द मुर्गे,
चुपचाप खड़े हैं
और बेफिक्री से कलगी हिला रहे हैं
जैसे कुछ हुआ ही नहीं
मौत दहाड़ती है तो दहाड़े
वे दाना चुग रहे हैं
पानी पी रहे हैं
जब तक जीना है
एक-एक क्षण
निश्चिंत जी रहे हैं।

12-11-94

॥ 3 ॥

वह हँस रहा है—
उसने किस फितरत से
अपनी ओर आती गोली के सामने से
अपनी गुनाह-भरी छाती हटा ली
और उसे
पीछे वाले की बेगुनाह छाती में
पैठ जाने दिया

वह रो रहा है कि
हाय, वह आगे वाले आदमी को बचा नहीं सका
उसकी जगह
स्वयं सीने पर गोली खा नहीं सका
और सबसे अलग खड़ा है वह आदमी
जो न हँसता है न रोता है
बस देखता रहता है
जो कुछ उसके आसपास होता है।

16-11-94

तुमने क्यों कहा

''तुमने क्यों कहा कि
आम का पेड़ भी तुम्हें अच्छा लगता है
तुम जानते नहीं
वह रोमांटिक पेड़ है
मैंने तो केवल कँटीली उलझी हुई झाड़ियों को ही
अच्छा कहने को कहा था।''
पोपटराज ने
बाजराज की जलती हुई आँखें देखीं
और भयभीत-सा चरणों पर गिर पड़ा
''क्षमा करें प्रभु।''
और गिरा-गिरा ही सोच रहा था—
'आम का पेड़ मुझे अच्छा लगता है
तो कब तक उसे अच्छा नहीं कहता।'
और बाजराज चिन्ता में पड़ गये
'धीरे-धीरे यह पिद्दा जीव
अब अपना स्वतन्त्र व्यक्तित्व बना रहा है
मेरी पसन्दगी की फेहरिश्त ढोने से ही जाना गया
अब उसी से बाहर जा रहा है।'

28-1-94

तुम्हारी हँसी

न जाने क्या था इस दिन में
कि सुबह होते ही
मुझ पर सवार हो गया
और भारी होता गया लगातार
शाम को लौटा तो
चुपचाप बिस्तर पर
अपने को फेंक दिया
पूरा घर परेशान हो पूछने लगा
"क्या हुआ क्या हुआ?
कुछ तो बोलो
थके हो
उठो हाथ-मुँह धो ला।"
कोई पानी लाया
कोई चाय लाया
कोई गाने लगा
कोई हँसाने लगा
लेकिन
दिन को नहीं उतरना था
नहीं उतरा
वह भारी शाम में बदलता गया
और शाम
गहरे अन्धकार में

घुटुरुओं चलती
कहीं से आयी
और मुझे देखकर
धीरे से मुस्करा पड़ी
देखा—
आकाश में चाँदनी निकल आयी है
और दिन
उसमें हवा-सा नहा रहा है

23-7-93

फूल

बाज़ार में सजा
प्लास्टिक के फूलों का उद्यान
क्या गज़ब की रंगत है
जैसे बिना मौसम बहार आ गयी हो
न मिट्टी, न मिट्टी गाड़ने की समस्या
न खाद, न पानी
न चिड़ियों से रखवाली
न मौसम का इन्तज़ार
एक ही भाव से
हमेशा दहकते रहते हैं ये फूल
मैं इन्हें देर तक देखता रहा—
फिर आँखों में उतरा गये चुभते हुए-से
अपने आँगन के खिलते मुरझाते फूल
घर पहुँचते ही
उन्हें उखाड़ फेंका
और दहकते हुए बाज़ार को सजा दिया
घर के पूरे अन्तराल में
दिन बीते
महीने बीते
मौसम बीते
सारा घर एकरस इन रंगों में डूबा रहा
हवाओं ने कहा—

"हमें गन्ध चाहिए।"
मैं चुप रहा
मधुमक्खियों ने कहा—
"हमें रस चाहिए।"
मैं चुप रहा
तितलियों ने कहा—
"हमें कोमल स्पर्श चाहिए।"
मैं चुप रहा
माँ ने कहा—
"मुझे पूजा के लिए फूल चाहिए।"
मैं चुप रहा
पत्नी ने कहा—
"मुझे वेणी के लिए फूल चाहिए।"
मैं चुप रहा
लेकिन जब बच्चे ने कहा—
"बापू, मुझे फूल चाहिए
फूलों की पहचान के लिए।"
तो मैं चुप न रह सका
हृदय हाहाकार कर उठा—
"हाय, मैंने क्या कर दिया कि
बच्चे फूलों की पहचान से वंचित हो गये।"
मैंने प्लास्टिक के सारे फूल तोड़ डाले
और फावड़ा लेकर
अपने आँगन की मिट्टी से जूझने लगा
मिट्टी मुस्करायी
हवा खिलखिलायी
जल कल-कल-कल-कल गाने लगा"
और सब मिलकर बोले—

"स्वागत है मित्र तुम्हारा
अपने ही घर में
हाय,
तुम हमारे साथ हुए बिना ही
फूल पाने चले थे
देखो तो
कितने मौसम गुज़र गये उदास-उदास
तुम्हें कुछ दिये बिना।"

3-11-94

मुट्ठियाँ

मुझे देखकर वे बहुत प्रसन्न हुए
रहस्यमय ढंग से मुस्कराकर बोले—
"आइए बैठिए
आप तो अपने भाई-बन्धु हैं।"
"भाई-बन्धु?" मैं विस्मय से बोला।
"हाँ, मुट्ठीवादी भाई-बन्धु
देखिए न मेरी ही तरह
आपकी भी मुट्ठी बँधी हुई है।"
अब मैं ज़ोर से हँसा तो वे चौंक उठे। बोले—
"क्यों क्या हुआ?"
"मुट्ठी बँधी होने से ही कोई भाई-बन्धु होता है क्या
अब देखिए न
आपकी मुट्ठी बँधी है
तमाम लोगों को इसमें क़ैद करने के लिए
और मेरी मुट्ठी बँधी है आपकी मुट्ठी खोलने के लिए
मैंने अनुभव किया कि
हम दोनों की मुट्ठियाँ अपनी-अपनी जगह
और कसती जा रही हैं।"

5-4-95

एक पंछी

बहुत दिनों बाद आज उस घर में आया
जिसके कमरों की खिड़कियाँ दोनों ओर खुली थीं
और दूर-दूर तक खड़े थे छोटे-बड़े पेड़
आज बहुत दिनों बाद खुली खिड़की के पास सोया
बादल बरसते रहे
उनका झर-झर संगीत पेड़ों से छन-छनकर
इस खिड़की से आता रहा
उस खिड़की से निकल जाता रहा
मुझे भिगोता हुआ

एक पंछी जिसका नाम नहीं जानता
रात-भर विचित्र वलयित स्वर में बोलता रहा
रह-रहकर
न जाने उस स्वर में क्या था
मिलन का उल्लास था
कि वियोग का दर्द था
कि मौसम का स्वागत था
कि भीगने की अनुभूति थी
यह स्वर मेरी चेतना में तिरता रहा रात-भर
मेरी नींद में उतरता रहा रात-भर
फिर दिन को भी वही स्वर

मैं उसे नहीं जानता
हरियाली में डूबे उस पंछी को
कभी देखा भी नहीं
लेकिन क्यों लगता है कि
वह मेरा बहुत अपना है
उसने छेड़ दिया है मेरे भीतर के आदिम राग को
और मैं लगातार बज रहा हूँ
सुख में, दुःख में
लगता है वह मैं ही हूँ
जो न जाने कब से
रंगीन पत्थरों की भीड़ में खो गया था
जो अपने ही भीतर
अपने से अलग होकर सो गया था।

25-6-95

कुछ देर तो

वे बचपन के दिन थे
वसन्त आते ही
गाँव का सोया जीवन
अँगड़ाई लेकर जाग उठता था
पेड़ों के नये पत्तों के बीच कोयल कूक उठती थी
तब मैं बच्चा था
नहीं जानता था कि
जीवन से कोयल का क्या नाता है
वह बोलती थी
और मैं उसे चिढ़ाता था
वह और जोर-जोर से बोलने लगती थी
तंग आकर मैं उसे पत्थर मारता था
वह उड़कर दूसरे पेड़ की डाल पर जा बैठती थी
और बोलने लगती थी
वह बस बावरी-सी बोलती ही रहती थी—
दिन को
रात को
सुबह को
शाम को
और चाहे-अनचाहे मुझमें उतरती रहती थी

जब मैं गाँव से छूटा
तो छूटता ही चला गया

लगातार धँसता गया कांक्रीट के हसीन जंगलों में
जहाँ न मौसम थे न ऋतुएँ
न जाड़े की धूप थी न गर्मी की छाँह
जहाँ सदाबहार रोशनी थी
सदाबहार यंत्र-संगीत थे
सदाबहार फूल-पत्तियाँ थीं
और मैं भूल गया था-
कहाँ से आया हूँ।

आज बहुत दिनों बाद
आ गया हूँ इस ग्राम परिवेश में
कोयल बोल रही है
लगातार बोल रही है
यहाँ बोल रही है, वहाँ बोल रही है
कितने समय बाद सुन रहा हूँ यह स्वर
यह स्वर नहीं, मेरा बचपन है
मंजरियों से लदी अमराई है
राग लुटाती अल्हड़ वसन्ती हवा है
खपरैलों से सिवानों तक डहडहाती
चैत की चाँदनी है
विरह के दर्द से भीगा लोकगीत है
गाओ कोयल
गाती रहो
झड़ने दो पर्त-दर-पर्त रंगीन पलस्तर
होने दो दीवारें नंगी!
उड़ जाने दो दीवारों पर टँगे कलेण्डर
कुछ देर तो जी लूँ, तुम्हारे साथ
मनुष्य बनकर।

27-6-95

बारिश में भीगते बच्चे

इतनी झपटीदार घनी बारिश में
तुम छाता तानकर निकले हो तो
छाता को उलटना ही था
इस बारिश से बचने के
दो ही रास्ते हैं दोस्त
या तो मुक्त मन से उसके साथ हो लो
या घर से निकलो ही नहीं
उसके नीचे आकर
अपने को बचाने के चक्कर में
न बच पाओगे
न उसका सामना कर पाओगे।

मैंने उधर इशारा किया
जिधर बच्चे
बारिश में भीगते हुए
उससे खेल रहे थे
और उन पर गिरती बूँद-बूँद
उनमें नयी चमक भर दे रही थी।

24-9-93